私の梅仕事

横山タカ子

はじめに

信州の長い冬が終わると、梅の枝々からつぼみがはじけて、一気に開花します。それを見るたびに、春がきたことを喜び、同時に、葉より先に花を咲かせる梅の生命力に目を見張り感嘆します。そのころから、私の心は梅仕事の準備へと向かいます。

結婚後、父が新居に豊後《ぶんご》という梅の木を植えてくれました。梅はよく実り、徐々に母とは違う、私独自の梅仕事が生まれていきました。

ある年のこと。庭で「ぽとーん」と大きな音で落果する梅の実が、「あんずかしら」と思うほど、鮮やかなオレンジ色でした。「もったいない」とばかりに、拾っては自分で調合した寿司酢に梅を入れ、土用に干したところ、びっくり。ほんのり甘くて驚くほどおいしい梅干しができたのです。漬けるだけなので、とにかく手軽。カビが生えるなどの失敗がない上に、長年試行錯誤を続けていた、梅干しの「減塩」も叶いました。さらに、このときできた梅酢のおいしいこと。「梅のさしす漬け」誕生の瞬間です。

そんな「梅のさしす漬け」をはじまりに、幼いころから身近にあった梅仕事から、自分で見つけた新たな梅仕事まで、毎年夢中で取り組んできた40年を、この一冊に込めました。

美しく、おいしく、健康への祈りまで受け止めてくれる梅の保存食を、今年も漬けることができた安堵感。来年も同じように漬けられますようにという、ささやかな祈り。欠かすことなく続けてきた、想いの詰まった、私の梅仕事の数々を、ご紹介します。

目次

展開① さしす料理

展開② 梅干し料理

本書で表記した1カップは200㎖、
大さじ1は15㎖、小さじ1は5㎖、1合は180㎖です。
材料表で油と記載しているものは主に菜種油を使用していますが、
お手元にある材料で代用いただいて結構です。
レシピ内の火加減はとくに表記のない場合は中火です。

梅仕事の前に

はじめての梅仕事は、準備に身構えてしまいがち。でも大丈夫。ポイントを押さえれば簡単です。

梅の選び方

青梅も完熟梅も、「購入後すぐに仕込む」が基本。
できないときは下処理だけして、冷凍しておきましょう。

青梅

カリカリの食感、若い緑の香りは青梅ならでは。キュッと身が引き締まって硬く、うぶ毛の生えそろった新鮮なものを選びます。

完熟梅

オレンジ色に近い黄色に色づいた梅が完熟梅。うっすらと果皮がゆるみ、梅特有の豊かな香りがあたりにただよいます。

※追熟についてはP.54「梅仕事Q&A」を

容器の消毒

洗ったらまず、からりと天日干しを。
消毒は、口に入っても安心なもので行います。

1 清潔なふきんを用意し、酢か35度以上のアルコールに浸す。

2 ふきんを固く絞り、消毒したい容器の全体をよくふく。肩や口部分も忘れずに。

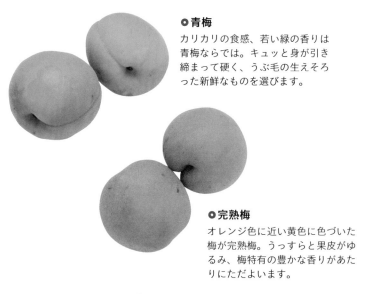

下処理について

梅の下処理は、実が傷まないようにやさしく。
しっかりと水けをふき取ることも大切です。

1洗う

ボウルに入れ、流水で汚れを落とす。傷があれば包丁で取り除く。

2水をきる

ざるにあげて水をよくきる。

3ふく

清潔なふきんを使い、軸のなかまでしっかりと水けをふき取る。梅を仕込む際に、念のためふきながら容器に入れても。

4ヘタを取る

竹串などの先端を使い、なり口(ヘタ)を取り除く。取ったら、くぼみの水も、やさしくふき取って。

青梅のみボウルに梅を入れ、たっぷりの水に浸してアクを抜きます。小梅なら2時間程度、中梅～大梅はひと晩浸します。

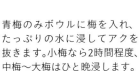

美しい道具とともに

酸が強いため金気を嫌う梅には、ホウロウや自然素材の道具を使います。

竹のざるや陶器の鉢など、昔ながらの道具はさすが使い勝手がよく、おなじみの相棒です。

いつの間にか集まってきたのが、ガラスの保存容器。

梅が漬かる様子を目で楽しみ、声をかけることで一層おいしくなるように思うのです。

ボウル・鉢

ほどよい深さのあるものを。ホウロウか陶器のものを選び、金属もプラスチックもできるだけ避けます。陶器の鉢は、わずかに内側に入ったふちが梅をもみ込むのにぴったり。そのまま重しをして梅漬けをすることもあります(P.21)。

保存容器

金属とプラスチック以外の、ふた付き容器を。市販品では梅酒というとガラス瓶にプラスチックのふたが付いたもの、梅干しというと常滑焼が定番ですが、ほこりを避けられさえすれば、もっと自由でよいと思うのです。私は気に入った形の容器を自由に選んで使っています。

ざる

干すのはもちろん、水きりにも重宝する、竹のざる。編みのしっかりとしたものを、長く使いたいですね。干すときに使う平ざるを選ぶ際は、ツルツルとした皮の面が表になっているものを選んでください。梅がくっつかず、裏返しやすくなります。

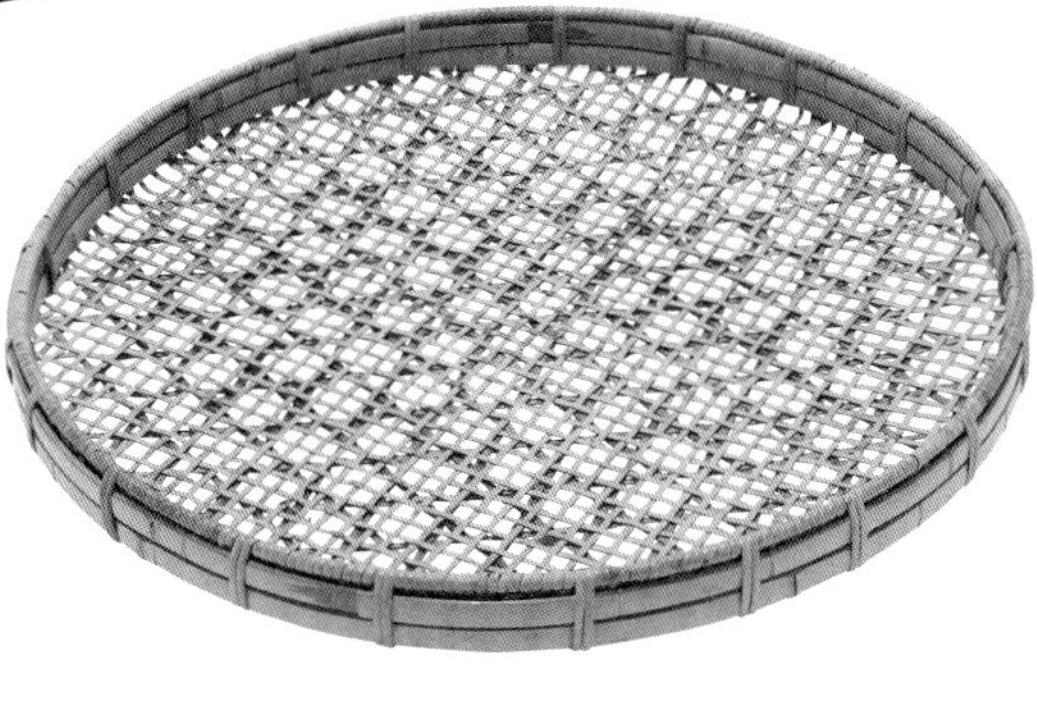

大切に選びたい調味料

せっかく仕込む梅ですから、ぜひこだわりたいのが調味料。
精製されすぎていないもの、伝統の製法を守りていねいにつくられたものなどを基準に選びます。
ここでご紹介するのは、わが家のバックヤードにいつもストックしてある、定番の品ばかり。
味も健康も、これなら任せて安心です。

さ

喜界島ザラ目糖　珊瑚礁が隆起してできた亜熱帯の島・喜界島のさとうきびを100%使用した粗糖。「原料も製法も安心して使える『ザラメ』が、わが家の砂糖の定番。コクもうま味もあり、溶けやすいのも気に入っています」

㊂ 松村 ☎0997-65-0156

す

国産有機純米酢　有機栽培されたうるち米を原料に、広島県尾道市で受け継がれた伝統の技で醸造。「お酢好きなので、味にも安全性にも妥協はできません。こちらは純米酢らしい香りとうま味、原料も国産の有機栽培米で安心です」

㊂ 純正食品マルシマ
https://junmaru.co.jp/

し

藻塩　乾燥させ、発酵させたホンダワラに海水をかけて塩をつくる「古代製塩法」でつくられた塩。「塩はいのちの源。各地の製法を調べ、こちらにたどりつきました。少々値は張りますが、私は漬物にも料理にもこの塩を使っています」

㊂ 中浜観光物産 ☎＆FAX 0254-77-2714

みりん

福来純「伝統製法」熟成本みりん
90日間かけて仕込み、熟成に約3年かけて育まれる本みりん。上品な甘さと深いうま味はお酒として飲んでもおいしい。「ナイトキャップとしてそのまま楽しめるほどの味と品質。もう長年頼りにしています」
㊐ 白扇酒造
https://www.hakusenshuzou.jp/

酒

果実酒用米焼酎ここ一番35%
岐阜県産の米で仕込んだ純米酒を蒸留した本格米焼酎。「果実酒だからといって、ホワイトリカーは使いません。なにも漬けずに飲んでもおいしい、が基本。これなら砂糖なしでつくる私好みの果実酒もおいしく仕上がります」
㊐ 白扇酒造
https://www.hakusenshuzou.jp/

味噌

門前みそ こがね　国産大豆と国産糀をふんだんに使って育んだ甘口みそ。「わが家では主に手づくりの味噌を使っていますが、市販品をおすすめするならこちらを。発酵止めの酒精の入らない、自然に熟成したものを選びたいですね」
㊐ すや亀
https://www.suyakame.com/

糀

生糀 糀一枚　長野県岡谷市で130年続く老舗糀屋から。国産米を使用し、昔ながらの製法で蒸した米に種糀をつけて3日かけて育まれる。「若き後継者の活躍も頼もしい糀屋さん。手作業でていねいに仕込まれたことがわかる、美しい糀です」
㊐ 若宮糀屋
https://wakamiya.thebase.in/

酒粕

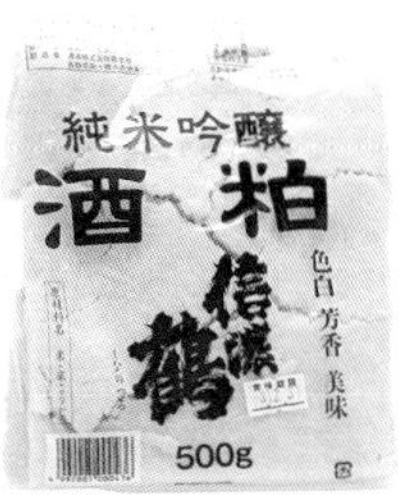

信濃鶴　長野県駒ヶ根市で、純米吟醸酒にのみこだわって醸造している小さな酒蔵の酒粕。酒米も全量、地元長野県上伊那産の美山錦を使用している。「醸造アルコールを使ったお酒をつくっていないから、混ざってしまう心配なし。県産米へのこだわりも素敵です」
㊐ 長生社 ☎0265-83-4136

基本のさしす漬けと、甘くない梅漬け

まずお試しいただきたいのが「梅のさしす漬け」。
砂糖と塩に酢の防腐効果が合わさることでカビにくいだけでなく、
塩だけの梅干しよりもうんと減塩で漬けられて健康的。
さらに梅酢＝「さしす液」までおいしい、私の自慢のレシピです。
これをはじまりに、この章では甘くない梅漬けの数々を紹介します。

基本のさしす漬け

30年来続いてきた、私の原点と言えるレシピです。アレンジも試してきましたが、この調味料、この分量が一番と至りました。ふっくらとした梅干しに仕上げるためのポイントは、完熟の梅を使うこと。これさえ守ればあっけないくらい仕込みも簡単ですよ。

A)梅に傷や傷みがあれば、包丁で事前に取り除いて。B)梅が調味液の上に顔を出していたら、時折ゆすったり、清潔なスプーンで調味液をすくって梅にかけ、カビを防ぎましょう。

材料（つくりやすい分量）
完熟梅 …… 1kg
砂糖 …… 300g
塩 …… 100g
酢 …… 800mℓ

つくり方
1 容器に下処理した梅、砂糖、塩を入れて、最後に酢を注いで漬け込む。
2 夏の土用のころに、漬かった梅を取り出し、三日三晩天日で干す。→土用干しP.28へ
できたものが、「梅のさしす漬け」。残った漬け汁が「さしす」。

- 漬け込み期間　土用まで
- サイズ　小梅～大梅
- 熟度　完熟梅のみ

※青梅で漬ける場合はP.16へ

さしす漬けをさらに手軽に

青梅で漬ける場合

梅干しとして楽しむなら完熟梅が必須ですが、「さしす漬け」は青梅でもカリカリ梅としておいしくいただけます。

完熟梅と同じ材料を用意し、一部の塩を梅の実にもみ込んだら、すべて保存容器に入れて冷蔵庫で保存するだけ。サイズも問わず、干す必要もないので手軽です。さしす液も1週間後から使えます。

材料(つくりやすい分量)
青梅 …… 500g
砂糖 …… 150g
塩 …… 50g
酢 …… 400mℓ

A)もみ込んだ塩も分量のうち。梅を容器に移したら、ボウルに分量の一部の酢を注ぎ、塩を洗うようにして容器に移すとよい。

つくり方

1 青梅を小梅なら2時間、中梅、大梅はひと晩水に浸してアクを抜く。その後、P.7を参考に下処理をする。

2 1をボウルに入れて材料の一部の塩でもみ込む。

3 塩が梅になじみ、少し水分が出てきたら、残った塩ごと余さずに容器に移し入れる。

4 3の容器に残りの調味料を加えて冷蔵庫で保存し、1週間後からいただく。

◎食べごろ　1週間〜1年
◎サイズ　小梅〜大梅

梅のさし漬け

酸味を抜いて、少し甘めの漬け上がりに

材料(つくりやすい分量)
完熟梅 …… 500g
砂糖 …… 100g
塩 …… 50g

つくり方
容器に下処理した梅、砂糖、塩を入れて、夏の土用のころまで漬けておく。→土用干しP.28へ

- 漬け込み期間　土用まで
- サイズ　小梅〜大梅
- 熟度　完熟梅のみ

梅のしす漬け

キリリとした酸味が好みの方はこちらを

材料(つくりやすい分量)

完熟梅 …… 500g

塩 …… 50g

酢 …… 400mℓ

つくり方

容器に下処理した梅、塩、酢を入れ、夏の土用のころまで漬けておく。→土用干し P.28へ

- 漬け込み期間　土用まで
- サイズ　小梅〜大梅
- 熟度　完熟梅のみ

梅のしそ漬け

オーソドックスな赤梅干しです。素材が仕上がりを大きく左右しますから、しっかり完熟した梅と、元気な赤じそを選びましょう。漬け込んだ後のケアも大切。梅酢が上がっているか、カビが出ていないかなど、こまめに見守ることで失敗も防げるはずです。

A)赤じそはしっかりともみ込んで、アクをできるだけ取り除きます。B)重しは平皿など、ほんの少し重みがかかる程度で。

材料(つくりやすい分量)
完熟梅 …… 2.5kg
塩 …… 375g(梅重量の15%)
赤じそ …… 500g
塩 …… 150g(または白梅酢100mℓか、
　さしす200mℓでも可)

つくり方
1 下処理した梅をボウルなどに入れて塩をまぶす。
2 赤じそを洗い、塩をふってもみ、出てきたアク汁を絞って捨てる。
3 1の上に2をかぶせて軽い重しをし、ほこりよけのふたをして夏の土用のころまで漬けておく。→土用干しP.28へ
※塩の代わりに白梅酢100mℓまたは、さしす(P.15)200mℓをかけてもむと、赤く発色します。

- 漬け込み期間　土用まで
- サイズ　小梅〜大梅
- 熟度　完熟梅のみ

完熟梅の烏龍茶漬け

アジアの国々で広く親しまれている梅。日本にはない発想もたくさんあり、旅先では大いに刺激を受けます。この烏龍茶漬けと陳皮シナモン漬けは、いずれも上海の屋台で出合った梅漬けにインスパイアされて生まれたレシピ。烏龍茶は煮出したお茶ではなく、茶葉と漬け込みます。

材料（つくりやすい分量）

完熟梅 …… 1kg

砂糖 …… 100g

塩 …… 100g

烏龍茶の茶葉 …… 大さじ5

酢 …… 100mℓ

つくり方

1 下処理した梅を保存容器に入れる。

2 烏龍茶の茶葉は一度さっと熱湯に通して1に加える。

3 2に砂糖、塩を加え、上から酢を注ぎ入れる。ときどき保存容器をゆすって全体に行き渡らせながら、夏の土用のころまで漬け込む。→土用干し P.28へ

4 土用干しののち、梅・茶葉と梅酢を分けて保存する。

A

B

A)茶葉を熱湯にくぐらせるのは、葉を軽く洗い、味をなじみやすくするため。
B)酢を注いだらしっかりとふたをして保存容器をゆすり、全体をなじませて。

◎漬け込み期間　土用まで

◎サイズ　小梅〜大梅

◎熟度　完熟梅のみ

完熟梅の陳皮シナモン漬け

23ページの烏龍茶漬けと同じく、アジアの街で出合った梅をヒントに考案した一品。ほろ苦さと香りのよさが気に入って、繰り返しつくる定番になりました。土用干しの際にはシナモン・陳皮も干し、梅といっしょの容器で保存します。梅の新たな表情を、ぜひお楽しみください。

材料（つくりやすい分量）
完熟梅 …… 500g
塩 …… 50g
陳皮（無農薬のみかんの皮を干したもの）
…… 1個分
シナモンスティック …… 3本
酢 …… 50mℓ
砂糖 …… 50g

つくり方
1 下処理した梅の半量をガラス瓶などの容器に入れ、砂糖、塩、酢の各半量を入れる。
2 陳皮、シナモンを間に入れ、残りの梅と調味料を加える。
3 ときどき容器をゆすって調味液を全体に行き渡らせながら、夏の土用のころまで漬け込む。→土用干しP.28へ
4 土用干しののち、梅、陳皮、シナモンと梅酢を分けて保存する。

A)全体を混ざりやすくするために、半量ずつ容器に入れていきます。全量入ったら、しっかりふたをしてゆすり、全体を一度なじませて。

◎漬け込み期間　土用まで
◎サイズ　小梅〜大梅
◎熟度　完熟梅のみ

土用干しのポイント

梅漬けに欠かせない土用干し。
初心者の方には
とくに迷うことの多い工程かと思います。
ここではよくある疑問点について、
解決策やアドバイスをお伝えします。

干す期間は「三日三晩」。夜露にも大切な意味があります

塩や調味液に漬かった梅を干すことで、実を保存しやすくするのが土用干しの目的。昼間の太陽の光ももちろん大切ですが、夜露にもあてることで皮がやわらかくなります。だから夕方に取り込むことなく、「三日三晩外に干しておく」が基本です。

干し上がりの目安は「表面サラサラで、やわらか」

干したことがなければ、引き上げのタイミングもイメージしにくいかもしれません。表面の果皮から水分がなくなり、サラサラとした状態が完成の目安。もちろん、好みの硬さ、やわらかさで仕上げられるのも、手づくりならではの魅力です。

雨にあたってしまったら、漬け汁で洗って干し直しを

「三日三晩」とはいえ、変わりやすいこの季節の天気。うっかり雨にあたってしまうこともあるかもしれません。そんなときは漬けていた調味液（さしすや梅酢）をボウルなどに入れ、これで梅を洗って再度干し直します。梅を洗った液は、容器に戻さず捨てましょう。

干し上がったら、梅と梅酢は別に保存します

干し上がった梅は、さしすや梅酢には戻さずに、別の容器で常温保存します。さまざまな容器で保存してきましたが、遮光性のある容

器のほうが保存性が高いようです。さしすや梅酢も、日本酒やしょうゆを入れるような色つきの瓶で保存するのがおすすめです。

干した梅が硬くなりすぎたら梅酢に戻していただきます

完熟梅で漬ければ、「干して硬くなる」ということはないのですが、未熟な梅は硬くなることもあるようです。その場合はさしすや梅酢に戻して食べましょう。

「一度干したのに雨続き」。最後の手段はオーブンで

干そうとすると雨が降ったり、なかなか3日間干し続けることがむずかしい天候の年もあります。そんなときの最後の手段として、私はオーブンを使うことも。100℃に予熱したオーブンで1時間ほど、ゆっくりと最後の仕上げをします。時間とエネルギーはかかりますが、意外とよく干し上がります。

干す場所がない方は、さしすに漬けたままでも大丈夫

都会の住宅事情などから、どうしても干す場所がない、という方もいらっしゃるかもしれません。その場合はさしすに漬けたままでも大丈夫。ただし長時間おくと果実がとろけてしまうので、1年を目安に食べきるのがおすすめです。

青梅の酒粕漬け

いわば「梅の奈良漬け風」。酒が香り、青梅ならコリコリとした食感も心地よい仕上がりで、お茶請けにも副菜としても楽しめます。ポイントは、梅を塩によくなじませてから漬けること。酒粕は、板粕ではなく練り粕を用います。ぜひ信頼できる酒蔵のものを求めてみてください。

材料（つくりやすい分量）
青梅 …… 500g
もみ込み用の塩 …… 10g（梅重量の2%）
酒粕（練り粕） …… 700g
塩 …… 大さじ1
砂糖 …… 80g

つくり方
1 青梅はひと晩水に浸しておく。
2 1をざるにあげて下処理したら2%の塩でもみ、1時間ほどおく。
3 酒粕をボウルに入れ、塩、砂糖とよく混ぜ合わせる。
4 ガラスかホウロウの容器の底に3を敷き詰める。
5 4に2をのせ、上から3をかぶせる。これを繰り返してふたをし、冷蔵庫で漬け込む。

A）酒粕、塩、砂糖は、全体がなじむまで手でよく練り合わせて。B）梅の実全体に酒粕がまとうように入れるのが、梅を傷めず漬けるためのポイント。

- 食べごろ　15日～
- サイズ　大梅
- 熟度　青梅～完熟梅
  （カリカリが好みなら青梅で）

青梅のしょうゆ糀漬け

しょうゆの風味豊かな梅漬け。小瓶に仕込み、冷蔵庫でゆっくり漬け込みます。うま味たっぷり、さわやかな酸味もきいた漬け汁は、肉を焼いたり冷や奴にかけたり、チャーハンにも合う万能調味料になるのでこちらも楽しみ。完熟梅なら果肉が漬け汁に溶け込みます。お好みでどうぞ。

材料（つくりやすい分量）
青梅 …… 500g
米糀 …… 300g
しょうゆ …… 300mℓ

つくり方

1 青梅は小梅なら2時間程度、中梅～大梅はひと晩水に浸してから、下処理する。

2 ボウルに糀としょうゆを入れ、糀をほぐしながらよく混ぜ合わせる。

3 2のボウルに1を加えてから、保存容器に移し、冷蔵庫で漬け込む。

- 食べごろ　15日～
- サイズ　小梅～大梅
- 熟度　青梅～完熟梅
　（カリカリが好みなら青梅で）

A）青梅も水に浸しすぎると傷みの原因に。夕方に水に浸したら、翌朝には水から引き上げて仕込みましょう。B）糀のかたまりをほぐしながらしょうゆとしっかり合わせて。

完熟梅味噌漬け

梅と味噌の組み合わせが大好き。ともに漬け込むことで果肉が味噌となじみ、ペーストのようになります。果実がしっかりしているときは、この味噌漬けで。冷凍梅や、少し傷みはじめたものなら次ページの味噌煮にするのがおすすめ。調味料としてもお役立てください。

材料（つくりやすい分量）

完熟梅　500g

味噌……500g

砂糖……300g

つくり方

1 下処理した梅は水けをよくふき取っておく。

2 味噌と砂糖をボウルに入れ、しっかりと混ぜ合わせる。

3 ガラスかホウロウの容器の底に、2を底から2㎝ほどの高さまで敷き、1を並べてまた2を重ねる。これを繰り返してふたをし、冷蔵庫で漬け込む。

◎食べごろ　1カ月〜

◎サイズ　小梅〜大梅

◎熟度　青梅〜完熟梅

（青梅なら酸味の強い味噌に）

A)できるだけ頭まで味噌がかぶるようにするのが、傷ませずに漬け込むコツ。

生梅の味噌煮

完熟梅の梅仕事の仕上げとして、毎年行うのがこの味噌煮。少し傷みはじめたものや冷凍梅の残りなども、煮込んでしまえば立派な調味料となってくれます。青魚や鶏肉に塗って焼いたり、野菜スティックにつけていただいたり。熱々のうちに瓶に詰めて、一年ゆっくり楽しみます。

A)焦げつかないように、弱火でじっくりと。B)とろりとして、つやが出てきます。

材料(つくりやすい分量)

完熟梅 …… 500g

味噌 …… 500g

砂糖 …… 400g

つくり方

1 鍋に下処理した梅と味噌、半量の砂糖を入れて弱火にかける。

2 木べらで全体をなじませ、砂糖が溶けたら、残りの砂糖を加えてさらに火にかける。

3 果肉が溶け、全体がなじんでつやが出たら、でき上がり。熱々のうちにガラス瓶などに入れて保存する。

- サイズ　大梅のみ
- 熟度　完熟梅のみ(冷凍梅でも)
- 保存期間　冷蔵庫で1年間保存可能

梅の味わい

毎年梅仕事を繰り返していても、まだ「新しい味を生み出せるはず」との思いは尽きません。一年にひとつでも、チャレンジをしてみたいと考えてしまうのです。仕事柄、梅がたくさん集まってくるので、せっかくならば違う味を、との事情もあります。

そうして生まれた、近年のお気に入りはピクルス。テーブルの真ん中に置けば、あちこちから自然と手が伸びる、わが家の人気メニューのひとつとなりました。

甘くてもよし、すっぱくてもよし。未熟な実も、完熟も、大梅も小梅もそれぞれに生かす道がある。実を食べるだけでなく、混ぜ込めば酸味で味を引き締める調味料にも。本当に、梅の懐の深さはほかにないものですね。さて、今年はどんな味を試してみましょうか……。考える時間もまた、私の喜びです。

梅酒・梅シロップ・甘い梅

梅のうっとりするような華やかな香りを
糖分と合わせて引き出す、甘い梅のレシピ。
天日干しがないぶん、初心者の方にも取り組みやすいですね。
生の梅のほか、冷凍梅でもおいしいレシピばかりです。
思い立ったときに仕込んでお楽しみください。

完熟梅のはちみつ梅酒

梅酒といえば青梅が定番のようですが、私はいつからか完熟梅のものばかりに。そのほうが独特の青くささが出ないうえ、糖分が少なくてもおいしく仕上がるように思うのです。甘みづけは、砂糖代わりに料理にもよく用いている、国産のはちみつで。香り高く、まろやかな味わいです。

材料（つくりやすい分量）
完熟梅 …… 1.5kg
はちみつ …… 300g
焼酎 …… 1.8ℓ

つくり方
1 下処理した梅は水けをていねいにふき取りながら、ガラス瓶に入れていく。
2 1にはちみつを注ぎ入れる。
3 2に焼酎を注ぎ入れたら、全体がなじむようにスプーンなどでそっとかき混ぜる。
4 ふたをして冷暗所で保存する。しばらくは、ときどきゆすって、はちみつが均一に回るようにする。

- 飲みごろ　3カ月～
- サイズ　大梅のみ
- 熟度　青梅～完熟梅
（おすすめは完熟のもの、冷凍梅でもよい）

A）最初ははちみつと焼酎が混ざりにくいため、そっとスプーンでかき混ぜます。その後もしばらくは、こまめに瓶をゆすって。

冷凍梅のシロップ

水割りも炭酸割りも、ミルクで割ってラッシー風もおいしい梅シロップ。私は洗って小分けにしておいた冷凍梅を使います。少しずつ仕込んでは飲みきって、できたてのおいしさを何度も味わうのがこのレシピの醍醐味。梅と砂糖の割合は3対1、これだけ覚えて気軽にお試しくださいね。

材料（つくりやすい分量）
冷凍梅（P.52参照）…… 600g
砂糖 …… 200g

つくり方
1 冷凍梅は凍ったまま、ガラス瓶に入れる。
2 1に砂糖を加え、軽くゆすって全体になじませる。
3 ふたをして冷暗所で保存する。ときどきゆすって砂糖を全体に行き渡らせる。

- 飲みごろ　1週間〜
- サイズ　大梅のみ
- 熟度　青梅〜完熟梅
  （おすすめは完熟のもの）

A）砂糖をはちみつに替えてもおいしい。青梅の場合も同様に、冷凍したものを使うと早く仕上がります。

完熟梅のぽたぽた煮

信州暮らしの楽しみのひとつといえば、お茶の時間。ぽたぽた煮はそのままいただくほか、寒天寄せにしたり凍らせてシャーベットにしたりと、形を変えつつお茶請けの出番の多い品です。夏にシロップを水割りでいただくのもおすすめ。できたての梅は酸味があり、徐々に甘さがなじみます。

A)砂糖をまぶしてから時間をおくことで水分が出て、煮やすくなります。B)触れると皮の内側がふわふわとするくらいやわらかくなったら煮上がりのサイン。

材料(つくりやすい分量)
完熟梅 …… 500g
砂糖 …… 300g

つくり方

1 下処理した梅を鍋に入れ、上から砂糖をまぶして1時間ほどおく。

2 梅から水分が出て、砂糖が溶けてきたら弱火にかける。

3 2を静かに煮含めたら、保存容器に汁ごと移し入れる。

- サイズ　中梅〜大梅
- 熟度　完熟梅のみ(冷凍梅でもよい)
- 保存期間　冷蔵庫で1週間保存可能
  冷凍なら3カ月保存可能

梅のみりん煮

どちらかというと実よりも、梅の香りのついたみりんを味わいたい品。みりんを飲む、というと驚かれる方もいらっしゃいますが、本来の製法でつくられたみりんはそのままでもとてもおいしいものです。食前酒グラスで食卓に添えれば「これは?」と、お客様との話にも花が咲きます。

A)粗熱が取れたら、実から容器に移し、最後にみりんを静かに注いで。

材料(つくりやすい分量)
完熟梅 …… 500g
みりん …… 500mℓ

つくり方
1 下処理した梅を鍋に入れ、みりんを注ぎ入れて火にかける。
2 ふわっとひと煮立ちしたら火を止めて、粗熱を取り、保存容器に移し入れる。

- サイズ　小梅〜大梅
- 熟度　完熟梅のみ(冷凍梅でもよい)
- 保存期間　冷蔵庫で6カ月保存可能

冷凍梅のすすめ

梅仕事といえば、一度にどっさり仕込まなくてはいけない、と思っている方は多いかもしれません。でも、大量に仕込んで失敗したら……そんな思いで一歩踏み出せない方には、冷凍梅をおすすめします。シロップ漬けや梅酒、味噌煮が向きますが、完熟梅であればさしす漬けも可能です。ただし、冷凍した実は溶けやすいので、さしす液めあてになるかもしれません。

1kg買って、まずは半分。残りは別の味で、また後日。ほんの10粒の大梅で漬けるシロップからでも、あなたの梅仕事のはじまりです。

冷凍梅の仕込み方

1　梅は洗い、水けをふいてヘタを取る。

2　小分けにして保存用ポリ袋に入れ、冷凍庫で凍らせる。

※青梅でも完熟梅でも可能

◎保存期間　冷凍庫で1年間保存可能

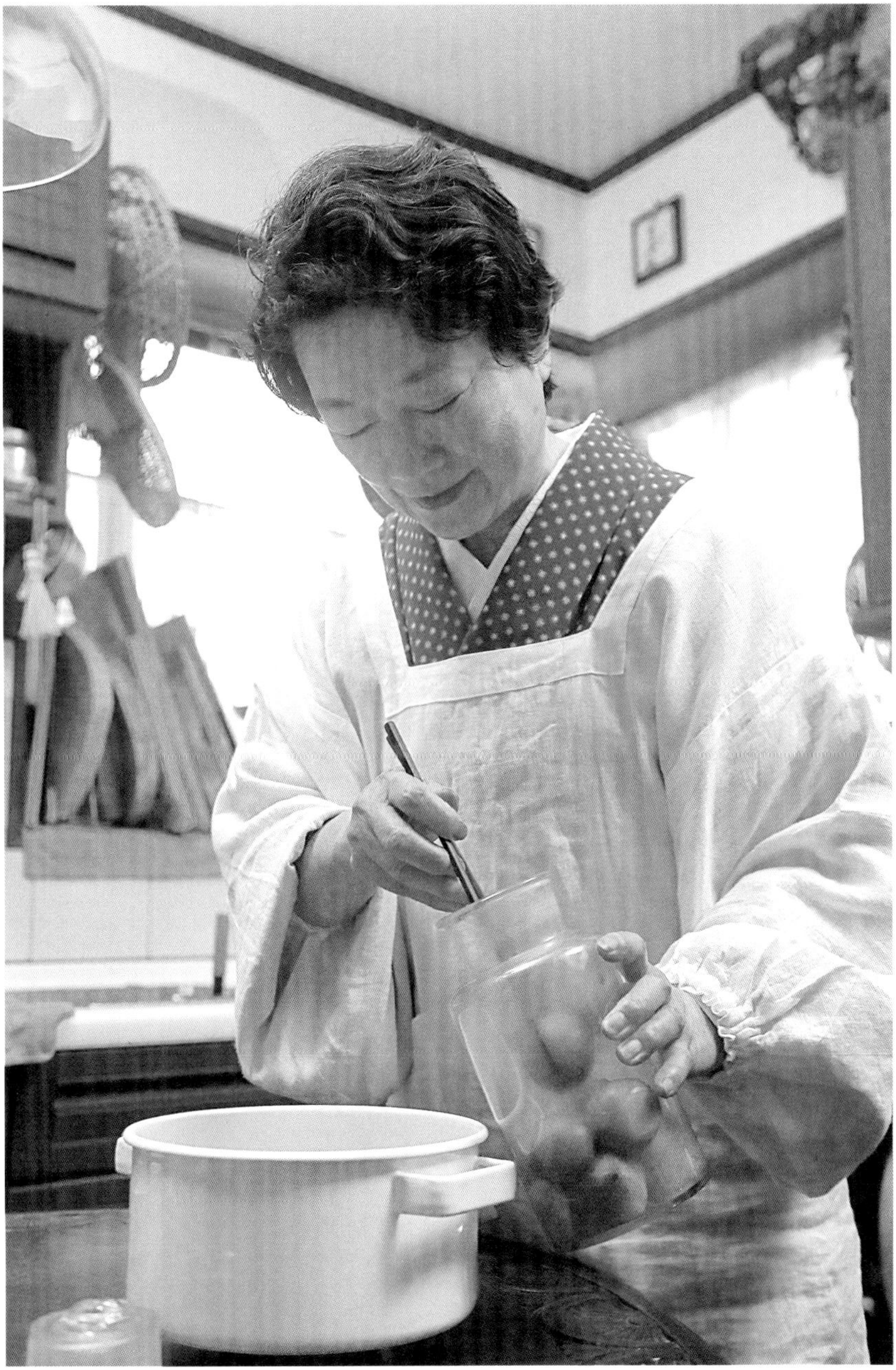

梅仕事Q&A

Q 梅の熟度や適切なサイズはどのように見極めたらよいですか？

A◆6ページにもありますが、青梅なら実が引き締まって硬く、うぶ毛も生えそろったいかにも新鮮なものを。完熟梅なら果皮がほんのりゆるみ、よい香りがしてきます。カリカリ梅をつくりたいなら青梅を、さしす漬けの梅干しは必ず完熟梅で。しかしそれ以外は、手元に来たらとにかく早めに漬けるのがおすすめです。それぞれなりのおいしさに仕上がるはずですよ。
ちなみに小梅は、大粒の梅の若いもの、ではありません。信州なら竜峡小梅など、小梅品種があります。店頭で尋ねてみてくださいね。

Q 追熟を上手に行うコツを教えてください。

A◆追熟はなかなか上手にいかないことが多いので、私はおすすめしていません。さしす漬けや梅干しをつくりたい場合はすぐに漬けられる完熟梅を求めること、これに尽きます。どうしてもあと一歩、というときは、ざるにあけて日陰に置き、様子を見ましょう。ただし、大粒か中粒品種の梅を、長くても3日間まで。小梅は熟す前に干からびてしまいますから、追熟はできないと考えたほうがよいですね。

Q さしす漬けを仕込んだあとは、どのような場所で保存したらよいですか？

A◆直射日光の当たらない、涼しい場所をおすすめします。小さな容器なら目に留まるところに置いて、漬かる様子も楽しみながら。大きいものはご自宅の、ジメジメせず温度変化のない場所を探してみてください。

Q カビが心配で、なかなか梅干しに挑戦できません。

A◆そんな方にこそ試していただきたいのが「さしす漬け」（15ページ）。砂糖、塩だけでなく酢も入れることで調味料がすぐに全体に回り、失敗知らずですよ。とはいえ私は、大幅な減塩に挑戦してみたとき以外、塩だけの梅干しでも失敗の経験がありません。おそらく秘訣は「こまめに顔を見て、声をかけてあげること」。仕込んだからと安心せず、時折容器を開けて中まで覗いてみてください。梅が調味液から顔を出してしまっていたら、スプーンですくって回しかけたり、容器をゆすって全体をなじませましょう。

Q 梅漬けをしましたが、なかなか白梅酢が上がってきません。

A◆塩分が少ない、あるいは梅が古かったかもしれません。梅が傷む前に、10％の塩水をつくって煮立て、よく冷ましてから注ぎ足してみてください。

小梅の楽しみ

信州で梅仕事のはじまりといえば、この小梅。
南の伊那谷を中心に、盛んに栽培されてきた歴史があり、
今もカリカリ梅はお茶請けにお弁当に人気の一品です。
私はピクルスにして楽しむのも気に入っています。
追熟には向かないので、出合ったときの熟度で仕込みます。

小梅のカリカリ漬け

いちばん小梅らしい楽しみ方といえば、このカリカリ漬けでしょう。まず、硬く青いものを選ぶのが第一、そのうえで塩をしっかりと梅にもみ込むことが、カリカリの食感を保つ秘訣かと思います。お弁当に入れたり、目覚めのひと粒にもよいですね。

材料（つくりやすい分量）
小梅（青梅）…… 500g
塩 …… 75g（梅重量の15%）

作り方
1 小梅は2時間水に浸し、アクを抜く。
2 下処理した 1 をボウルに塩と一緒に入れる。
3 塩と梅を手でよくもみ込む。梅の緑色が深まり、透明感が出てきたらそのまま容器に移し入れて漬け込む。

- 食べごろ　1週間〜
- サイズ　小梅〜大梅
- 熟度　青梅のみ
- 保存期間　冷蔵庫で1年間保存可能

A

A）ぎゅっぎゅっと力を入れて根気よくもみ込むうち、梅の色が変わってくるのに気づきます。塩も半ば溶けて、水分が出ているくらいに。

小梅のカリカリ赤じそ漬け

カリカリ小梅に、「さしす」で鮮やかに発色させた赤じそをのせて漬け込むレシピです。小梅も赤じそも、もみ込む力仕事のひと手間がありますが、存分に手をかければ愛らしい紅色の小梅となります。さしす液がご家庭にない方は、白梅酢か酢で代用してください。

材料（つくりやすい分量）
小梅（青梅）…… 500g
塩 …… 75g（梅重量の15%）
赤じそ …… 200g
塩 …… 40g（赤じその20%）
さしす（P.15）…… 200mℓ
（または100mℓの白梅酢か酢でも可）

作り方
1 小梅は2時間水に浸し、アクを抜く。
2 下処理した1をボウルに塩と一緒に入れる。
3 塩と梅を手でもみ込む。梅の緑色が深まり、透明感が出てきたら保存容器に移し入れる。
4 水洗いした赤じそを塩でよくもみ、アクを捨てる。さしすをかけて、さらにもみ込む。
5 4を、汁ごと3の上にのせて、冷蔵庫で漬け込む。

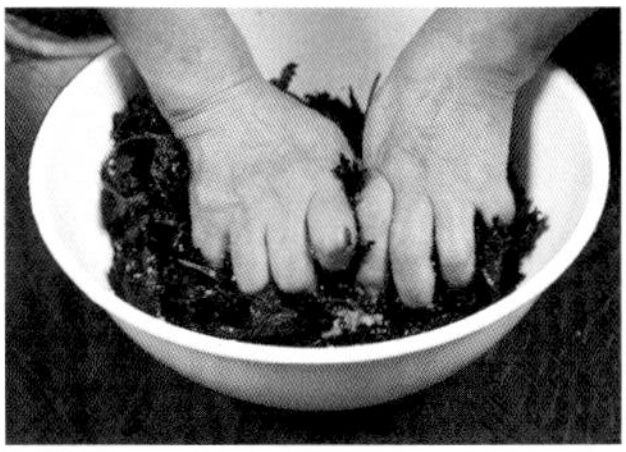

A）塩もみは根気強く、しっかりと。梅の色が変わるまで行います。B）赤じその塩もみはアク抜きの役割。酢をかけることで発色します。

- 食べごろ　1週間〜
- サイズ　小梅
- 熟度　青梅のみ
- 保存期間　冷蔵庫で1年間保存可能

小梅の砂糖漬け

塩と砂糖で漬け込む、お茶請けにぴったりの品。甘みが入りやすいように、塩もみした梅に傷をつけるのがポイントです。実を割り、種を取って仕込むこともありますが、取らなくても十分。甘みと酸味のバランスがよく、大人から子どもまで幅広い世代に喜んでいただけるようです。

A)カリカリ漬け同様、しっかりと塩をもみ込むのが大切なポイントです。B)実の上から砂糖を入れるので、容器選びは余裕をもって。

材料（つくりやすい分量）
小梅（青梅）…… 1kg
塩 …… 50g（梅重量の5%）
砂糖 …… 500g

つくり方

1 小梅は2時間水に浸し、アクを抜く。

2 下処理した 1 をボウルに塩と一緒に入れる。

3 塩と梅を手でもみ込む。梅の緑色が深まり、透明感が出てきたら梅に傷をつけるように切り込みを入れる。

4 保存容器に入れ、上から砂糖をふり入れる。ときどき容器をゆすり、砂糖を溶かして漬け込む。

- 食べごろ　1週間～
- サイズ　小梅～大梅
- 熟度　青梅のみ
- 保存期間　冷蔵庫で1年間保存可能

小梅の黒砂糖ピクルス

私の小梅の楽しみのひとつが、このピクルス。青いものをスパイスと漬けて、オリーブのように小皿に出して酒のお供に楽しんでいます。香りを添える意味も込めて、砂糖はコク深い黒糖で。カルダモンのほか、ローリエやクローブなどと合わせても。

A）黒砂糖は溶けやすいよう、できるだけ粒子の細かいものを。B）梅の上に砂糖とスパイスをのせ、上から酢を注ぎます。

材料（つくりやすい分量）

小梅（青梅）…… 1kg

塩 …… 100g（梅重量の10%）

◆ピクルス液

黒砂糖 …… 200g

酢 …… 400mℓ

赤唐辛子 …… 3本

カルダモン（ホール）…… 小さじ1（5粒程度）

こしょう（ホール）…… 小さじ1

つくり方

1 小梅は2時間水に浸し、アクを抜く。

2 下処理した1をボウルに塩と一緒に入れる。

3 塩と梅を手でもみ込む。梅の緑色が深まり、透明感が出てきたらガラス瓶に移し入れる。

4 3の上にピクルス液の酢以外の材料をのせ、酢を注ぎ入れて漬け込む。

- 食べごろ　1週間〜
- サイズ　小梅〜大梅
- 熟度　青梅のみ
- 保存期間　冷蔵庫で1年間保存可能

小梅とらっきょう、あんず、山椒の出合いものピクルス

私の台所には季節ごとに、さまざまな食材が集まってきます。ふと目に留まった、旬の出合いもの同士でできた、お気に入りのレシピがこちら。お互いが食べておいしい具であるだけでなく、風味を添える調味料にもなっています。香りさわやか、食感も心地よく、初夏にうれしい箸休めです。

材料（つくりやすい分量）

小梅（青梅）…… 200g

らっきょう …… 200g

あんず …… 300g

山椒の実 …… 大さじ2

赤唐辛子 …… 2本

塩 …… 14g

◆甘酢

酢 …… 300mℓ

水 …… 60mℓ

砂糖 …… 大さじ6

塩 …… 小さじ2

つくり方

1　小梅は2時間水に浸し、下処理する。らっきょうは洗って薄皮をむき、根を切る。

2　洗って水けをきったあんず、1に塩をふり、1時間ほどおいて、水を出す。

3　2の水分をきって容器に入れる。洗って水けをきった山椒の実、赤唐辛子を加え、甘酢を注ぎ入れて漬け込む。

A）生のあんずが手に入らない場合は、あんず抜きでも。または最後に砂糖を使わない干しあんずやドライプルーン、干しぶどうを加えるのもおすすめです。その場合は梅とらっきょうのみ、8gの塩をふって水出しします。

- 食べごろ　1週間〜
- サイズ　小梅〜大梅
- 熟度　青梅のみ
- 保存期間　冷蔵庫で1年間保存可能

手間ひまかけて、難のがれ

梅肉エキス

時間と手間がうんとかかり、でき上がりはほんのぽっちり。それでもやはり、いつも傍に備えておきたいのが梅肉エキスです。金気を避けて陶器やセラミックのおろし器を使い、鍋もホウロウのものを使います。疲れたとき、少し調子が上がらないとき、このひとさじに助けられています。

材料（つくりやすい分量）
青梅（大梅）…… 2kg

つくり方

1 下処理した青梅を金属以外のおろし器ですりおろす。ざるの上に清潔なさらしをのせ、すりおろした青梅をあけていく。

2 1のさらしをぎゅっと絞り、絞り汁を集める。

3 2の絞り汁を、ホウロウや土鍋など、酸に強い鍋で煮詰める。

4 中弱火で1～2時間煮詰めて、エキスの色が濃くなってきたら火を弱め、焦げつきに注意しながらさらに煮詰めていく。

5 色が黒くなり、どろりとして、鍋底に木べらで線を描いてしっかりと底が見えるくらいになったら完成。熱いうちにガラス瓶に移し入れる。

◎保存期間
直射日光を避け、常温で長期保存可能

季節の仕事◎しそジュース

毎年契約農家から取り寄せている赤じそ。梅仕事のついでに、しそジュースも欠かさずつくります。孫たちが競って飲んでいたときは砂糖入りでしたが、あるとき糖分なしでも十分と気づきました。

小さなぐい呑みにしそジュースを入れて、ラム酒やブランデーをひとたらし。そんなナイトキャップが今の定番です。甘くして飲むときは、その都度、はちみつやアガベシロップを加えます。

しそジュース

材料(つくりやすい分量)
赤じその葉 …… 200g
水 …… 800mℓ
酢 …… 大さじ1
(砂糖またははちみつ400gを加えても)

つくり方
1 ホウロウの鍋に分量の水を沸騰させ、よく洗った赤じその葉を3度に分けて加えて煮る。
2 赤じその葉が緑色に変わったら、火を止めて布でこし、よく絞って鍋にあける。
3 2が熱いうちに酢を加えてガラス瓶に移し入れる。
※甘いジュースにしたい場合は、酢を加えたあとに砂糖またははちみつを400g程度加える。

◎保存期間　冷蔵庫で1カ月保存可能

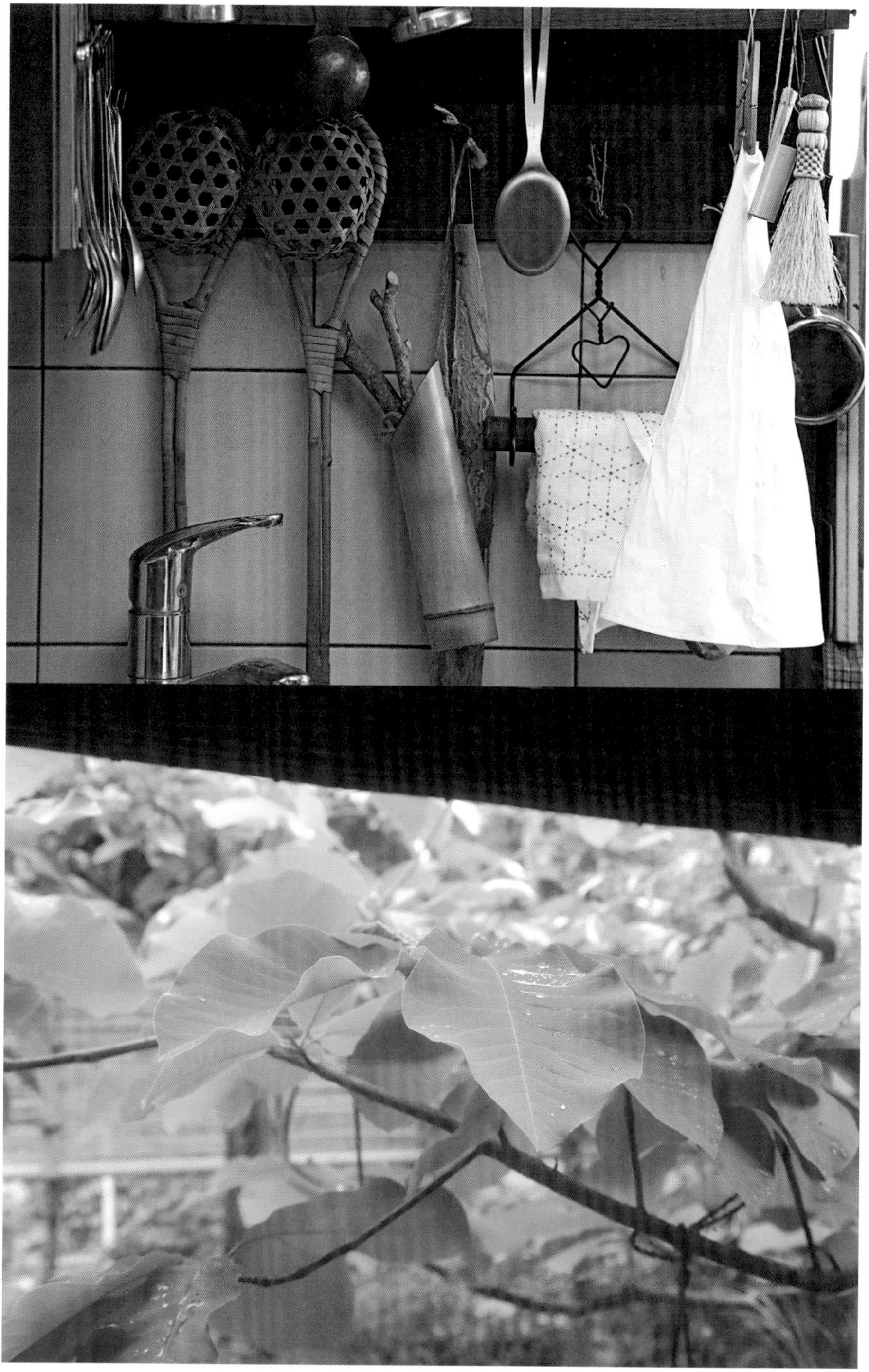

さしす料理の前に

これからご紹介する「さしすの展開料理」では、
P.15「基本のさしす漬け」でできた梅酢＝さしす液を使用します。
今年はじめてさしすを漬ける方など、
まださしす液をお持ちでない方は、すべてこちらに置き換えてください。

梅干し入りすし酢

材料（つくりやすい分量）
酢 …… 60mℓ
砂糖 …… 20g
塩 …… 5g
梅干し …… 大1粒（15g相当のもの）

つくり方
1 酢、砂糖、塩はすべて合わせる。
2 1に梅干しを加えて軽くつぶし、全体をなじませて30分ほどおいてから使う。

展開①

さしす料理

梅のさしす漬けの自慢は、さしす液。
味のバランスがよく、使い勝手もよく、保存もきくので
「さしす液が欲しいから梅を漬けています」との声も届くほど。
梅のエキスを含んでいるからクエン酸もたっぷり。
新たなアレンジのアイデアも、使うほどにわいてきます。
まずは気になるレシピをお試しになり、
コツをつかんで思い思いにご活用ください。

トマト3種のさしすマリネ

湯むきのひと手間で味わい深く

ミニトマトのさしすマリネ

材料（つくりやすい分量）
ミニトマト …… 300g
さしす（P.15）…… 50mℓ

つくり方
湯むきしたミニトマトをボウルに入れ、さしすを回しかけてマリネする。

◎保存期間　冷蔵庫で3日間保存可能

黒こしょうで大人の味に

トマトのさしすマリネ

材料(つくりやすい分量)
トマト …… 360g
さしす(P.15)…… 80mℓ
粗挽き黒こしょう …… 適宜

つくり方
乱切りにしたトマトをボウルに入れ、さしすを回しかけてマリネする。仕上げに黒こしょうをふる。

◎ 保存期間
冷蔵庫で3日間保存可能

青いからこその香りと食感

青トマトのさしすマリネ

材料(つくりやすい分量)
青トマト …… 400g
さしす(P.15)…… 100mℓ

つくり方
乱切りにしたトマトをボウルに入れ、さしすを回しかけてマリネする。赤いトマトよりも味が入りにくいので、30分ほど漬け込んでから器に盛り付ける。

◎ 保存期間
冷蔵庫で3日間保存可能

季節野菜のさしすピクルス

旬の味いろいろ、さわやかに楽しむ

材料（つくりやすい分量）
好みの野菜
（きゅうり、大根、にんじんなど
合わせて）… 250g
◆ピクルス液
さしす（P.15）…… 150mℓ
水 …… 100mℓ

つくり方
1 野菜は食べやすい大きさに切る。鍋に湯を沸かし、さっとゆでてざるにあげ、水けをきる。
2 1の水きりが終わったら、すぐに保存容器に入れ、ピクルス液を注ぎ入れる。ひと晩寝かせてからいただく。

◎保存期間　冷蔵庫で1週間保存可能

いんげん豆と玉ねぎのさしすピクルス

サラダ感覚で箸がすすむ、お豆の副菜

材料（つくりやすい分量）
いんげん豆（やわらかくゆでたもの）
……130g
玉ねぎのみじん切り……大さじ2
◆ピクルス液
さしす（P.15）……70mℓ
水……30mℓ

つくり方
1 容器にいんげん豆と玉ねぎを入れる。
2 1にピクルス液を注ぎ入れる。30分ほど味をなじませてからいただく。

◎保存期間　冷蔵庫で1週間保存可能

ゆで大豆とたくあん、小魚のさしす漬け

食感のコントラストも楽しい

材料（つくりやすい分量）
大豆（やわらかくゆでたもの）
……150g
たくあん……100g
ちりめんじゃこ……10g
◆漬け汁
さしす（P.15）……50mℓ
ゆで汁……50mℓ（水でも可）

つくり方
1 容器に大豆と8㎜角に切ったたくあん、ちりめんじゃこを入れる。
2 1に漬け汁を回しかけ、30分ほど味をなじませてからいただく。

◎保存期間　冷蔵庫で1週間保存可能

切り昆布と煮干しのさしすあえ

信州ではおなじみの「切り昆布」を使って

材料（つくりやすい分量）
細切り昆布 …… 10g
煮干し（塩分無添加）…… 15g
赤唐辛子 …… 1本
さしす（P.15）…… 50mℓ

つくり方
1 容器に細切り昆布と煮干し、種を取って小口切りにした赤唐辛子を入れる。
2 1に上からさしすを回しかけていただく。すぐに食べられるが、30分ほどおいても味がなじんでおいしい。

◎保存期間　冷蔵庫で1週間保存可能

赤唐辛子のさしす漬け

赤唐辛子は「太長辛こしょう」や、万願寺唐辛子などでも。ピリリと辛い調味料に

材料（つくりやすい分量）
赤唐辛子（大）…… 100g
さしす（P.15）…… 200mℓ

つくり方
1 赤唐辛子は軽く洗って水けをよくきっておく。
2 容器に1を入れ、さしすを注ぎ入れる。2時間ほどおいてから使う。
※汁は炒め物や焼きそばにかけるなど調味料として。漬け込んだ赤唐辛子も輪切りにして辛みづけに役立ちます。

◎ 保存期間　冷蔵庫で1年間保存可能

削り節と煮干しの「さしすだし」

だしのうま味でさしすがさらにおいしく、使いやすく

材料（つくりやすい分量）
煮干し（塩分無添加）…… 15g
かつおの削り節 …… 5g
さしす（P.15）…… 200㎖

つくり方
容器に煮干しと削り節を入れ、さしすを注ぎ入れる。ひと晩寝かせてからいただく。
※汁は刺し身のつけだれなど調味料として。削り節と煮干しもそのままおいしい箸休めに。

◎保存期間　冷蔵庫で10日間保存可能

りんごドレッシング

やさしい酸味が、ポテトサラダと好相性

材料（つくりやすい分量）
りんご …… 中½個（170g）
さしす（P.15）…… 100㎖
油 …… 大さじ3

つくり方
りんごは洗って芯を除き、皮を少し残して大きく切る。すべての材料を合わせ、ミキサーかブレンダーで、なめらかになるまで攪拌する。

◎ 保存期間　冷蔵庫で3日間保存可能

玉ねぎドレッシング

シャキッとした辛みで葉野菜の味を引き立てる

材料（つくりやすい分量）
玉ねぎ …… 中½個
さしす（P.15）…… 100mℓ
油 …… 大さじ3
水 …… 50mℓ

つくり方
玉ねぎは乱切りにする。すべての材料を合わせ、ミキサーかブレンダーで、なめらかになるまで攪拌する。

◎ 保存期間　冷蔵庫で3日間保存可能

信州サーモンのさしす〆とアレンジ

さしすを使えば、酢締めも手軽に

信州サーモンのさしす〆

材料（つくりやすい分量）
信州サーモン
（または生鮭）の刺し身 …… 400g
さしす（P.15）…… 50mℓ

つくり方

1　サーモンは水けをふき取り、バットに並べる。

2　1にさしすを回しかけて30分ほどおき、食べやすい大きさにスライスしていただく。
※漬けすぎるとサーモンが白くなるので、漬け時間は30分ほどに。

◎保存期間
半身の状態で冷蔵庫で3日間保存可能

さしす〆の味で、ドレッシングいらず

カルパッチョサラダ

材料（つくりやすい分量）
サーモンのさしす〆 …… 100g
好みの野菜
（白菜、トレビス、セロリの茎など）
…… 適量
油 …… 適量
粗挽き黒こしょう …… 適量

つくり方

1　サーモンのさしす〆は食べやすい大きさにスライスする。

2　葉野菜は洗って食べやすい大きさにちぎり、セロリの茎は薄切りにする。

3　1と2を合わせて器に盛り付ける。油を回しかけ、黒こしょうをふっていただく。

野菜はレタス、きゅうり、トマト、蒸したなすまでなんでも。甘夏やはっさくなど、柑橘類も合います。

桜の花のさしす漬け・桜おにぎり

短い旬を、色鮮やかに漬け込んで

桜の花のさしす漬け

材料
八重桜の花 …… 適量
塩 …… 桜の花の重量の30%
さしす（P.15）…… 適量

つくり方
1 八重桜の花はさっと洗い、水けをきってボウルに入れる。塩をまぶし、重しをしてしばらくおく。
2 水が上がったら絞り、さしすに浸して軽く絞る。
3 容器に2を移し入れ、新たなさしすをたっぷりと注ぐ。

◎保存期間　冷蔵庫で1年間保存可能

華やかさはおもてなしにぴったり

桜おにぎり

材料（4人分）
桜の花のさしす漬け …… 50g
温かいごはん …… 500g

つくり方
炊きたてのごはんに、桜の花のさしす漬けを混ぜ合わせ、温かいうちにおにぎりにする。

塩漬けよりもつくりやすく使いやすいのがお気に入り。アイスクリームに添えても喜ばれます。

魚のさしす炊きこみ寿司

臭みなくさっぱりといただけます

材料（つくりやすい分量）
米 …… 3合
水 …… 650mℓ
魚の干物（赤むつやあじの開きなど）…… 約200g
さしす（P.15）…… 80mℓ
三つ葉 …… 1束

つくり方
1 米は洗って30分ほど浸水させ、ざるにあげて水をきる。土鍋に入れ、分量の水を注ぐ。
2 好みの干物をグリルで軽く焼き、1にのせてふたをし、強火にかける。沸騰したら中火で17〜19分加熱し、火を止めてふたをしたまま10分ほど蒸らす。
3 2のふたを開け、さしすを回しかける。うちわであおぎながら、魚が崩れないように全体を混ぜ合わせ、ざく切りにした三つ葉を添える。器に盛り付け、いただくときに骨を除く。

おいしい干物が手に入ったらつくりたくなる一品。椀ものは梅干し、とろろ昆布、ねぎで手軽に美味。

さしす焼きそば

具も麺も、ひと味違うあっさり味に

材料（3人分）

焼きそば用蒸し麺 …… 3玉
長ねぎ …… 1本
ピーマン、パプリカ …… 各¼個
牛薄切り肉 …… 150g
さしす（P.15）…… 大さじ2
ごま油 …… 大さじ1〜2
粗挽き黒こしょう …… 適宜

つくり方

1 長ねぎは斜め薄切りに、ピーマン、パプリカは繊維に沿って細切りにする。

2 フライパンに麺を入れ、水少々（分量外）を加えてほぐし炒め、取り出しておく。

3 同じフライパンに油を熱して牛肉を炒め、1を加えて炒め合わせる。

4 2を3に戻し入れて、炒め合わせる。さしすを回しかけて調味し、黒こしょうをふる。

さしすマヨネーズのポテトサラダ

さしすを使えば、手づくりマヨネーズも簡単に

材料（つくりやすい分量）
じゃがいも各種 …… 400g（中3個）
卵 …… 2個
◆さしすマヨネーズ
卵 …… 1個
さしす（P.15）…… 50mℓ
油 …… 大さじ1
粗挽き黒こしょう …… 適宜
※さしすマヨネーズは冷蔵庫で3日間保存可能

つくり方

1 じゃがいもは皮をむき、ひと口大に切って、やわらかくゆで、水けをきる。

2 卵は鍋に入れて火にかけ、沸騰後から12分ほど加熱して固めにゆで、冷水にとって殻をむき、半分に切る。

3 1と2をボウルに入れ、マッシャーなどで粗くつぶす。

4 さしすマヨネーズの材料を、ハンドミキサーなどでなめらかに攪拌し、3に回しかける。ざっくりとあえ、黒こしょうをふる。

豆乳カッテージチーズ風とアレンジ

デザートだけでなく、ミニトマトとクラッカーにのせて前菜にしたり、サラダにのせるのもおすすめです。

味付けはさしすだけ。サラダにもデザートにもよく合います

豆乳
カッテージチーズ風

材料（つくりやすい分量）
豆乳（成分無調整）…… 400mℓ
さしす（P.15）…… 大さじ2

つくり方
1 豆乳を小鍋に入れて中弱火にかける。
2 沸騰直前にさしすを加え、火を止める。
3 コーヒーフィルターや清潔なさらしに2を注ぐ。残ったものが豆乳カッテージチーズ風。

◎保存期間　冷蔵庫で3日間保存可能

さっぱり味で、焼きりんごの甘みを引き立てて

焼きりんごの豆乳
カッテージチーズ風添え

材料（1人分）
りんご …… ½個
豆乳カッテージチーズ風
　…… 大さじ3
きんかんの甘露煮 …… 1個（あれば）

つくり方
1 オーブンを200℃に予熱し、洗って半分にしたりんごを切り口を上にして入れて15分ほど焼く。
2 りんごから果汁が出てやわらかく焼けたら取り出し、豆乳カッテージチーズ風を上からかける。あればきんかんの甘露煮をのせる。

きんかん、酒、水は1：1：1。甘さは好みで調整を

きんかんの甘露煮

材料（つくりやすい分量）
きんかん …… 300g
酒 …… 300mℓ
水 …… 300mℓ
砂糖 …… 50〜80g（好みで）

つくり方
1 きんかんは洗って水けをきり、2、3本薄く切り込みを入れておく。
2 鍋に1と酒、水、砂糖を入れて弱火にかけ、やわらかくなるまで煮る。

◎保存期間　冷蔵庫で1週間保存可能

きんかんとチーズ、甘みと酸味のバランスが◎

きんかんと豆乳カッテージチーズ風

材料(つくりやすい分量)
きんかんの甘露煮(P.97)…… 3個
豆乳カッテージチーズ風(P.97)…… 大さじ1
マスカルポーネチーズ …… 大さじ1

つくり方
1 きんかんの甘露煮は半分に切る。
2 豆乳カッテージチーズ風とマスカルポーネチーズを混ぜ合わせる。
3 1に2を薄くはさんで器に盛り付ける。

口当たりふんわりなめらか

黒豆の豆乳
カッテージチーズ風あえ

材料（つくりやすい分量）
黒豆（甘く煮たもの）…… 大さじ3
豆乳カッテージチーズ風(P.97)
…… 大さじ2
マスカルポーネチーズ …… 大さじ2

つくり方
1 よく冷やした豆乳カッテージチーズ風とマスカルポーネチーズを混ぜ合わせる。
2 1を黒豆と合わせ、器に盛り付ける。

芋の甘みを引き立てます

さつまいもと豆乳
カッテージチーズ風

材料（つくりやすい分量）
さつまいも …… 2切れ（30g）
油 …… 大さじ1
豆乳カッテージチーズ風(P.97)
…… 大さじ2
マスカルポーネチーズ …… 大さじ2

つくり方
1 やわらかくゆでたさつまいもは食べやすい大きさにカットする。
2 フライパンに油を熱し、1をのせて両面をこんがりと焼く。
3 豆乳カッテージチーズ風とマスカルポーネチーズを混ぜ合わせ、器に盛り付けた2に添える。

季節の仕事◎山椒漬け

信州でも南の地域が特産の山椒。友人が毎年どっさりと送ってくれるのを楽しみに、旬を逃すまいと漬け込みます。

昔はゆでこぼしてみたり、水にさらしてみたり、ずいぶん遠回りをしていたけれど、いつしか「アクもまたおいしさ」と気づくように。そこからレシピがうんとシンプルになりました。

山椒のしょうゆ漬け

材料(つくりやすい分量)
山椒の実 …… 250g
しょうゆ …… 300mℓ

つくり方
1 山椒の実は流水でよく洗い、さらしで水けをしっかりとふく。
2 容器に1を入れ、上からしょうゆを注ぐ。1週間ほどおいてからいただく。

◎保存期間　冷蔵庫で6カ月保存可能

展開②

梅干し料理

保存性を高めるために用いられるイメージの強い梅干しですが、それだけではもったいない。塩分や酸味、うま味を使いこなせば料理全体の味を引き立て、引き締める名脇役となってくれます。

そのままいただくだけでなく、刻んだり、揚げたり、野菜と漬けたり。調味料のひとつとしても、日々の食卓で大いに活躍させましょう。

梅干しごはん

食欲がわかない日にこそ、ぜひ試してほしいシンプルごはん

材料（つくりやすい分量）
米 …… 2合
梅干し …… 6粒
ゆで大豆（または缶詰の大豆水煮でも）…… 100g
水 …… 450mℓ

つくり方
1 米は洗って30分ほど浸水させ、ざるにあげて水けをしっかりきり、土鍋に入れる。
2 1に分量の水を注ぎ、ゆで大豆と梅干しを種ごとのせてふたをし、強火にかける。沸騰したら中火で15分ほど加熱し、火を止めてふたをしたまま10分ほど蒸らす。
3 2のふたを開け、しゃもじで大きく混ぜ、梅干しの果肉と種をはがす。梅干しの種を取り除き、茶碗に盛り付ける。

梅干しごはんの細巻き

材料（細巻き2本分）
梅干しごはん …… 200g
焼きのり（全形）…… 1枚

つくり方
1 巻きすの上に軽くあぶったのり半分をのせ、梅干しごはんの半量をのせる。
2 端からきっちりと巻き、食べやすい大きさにカットする。
3 残りも同様にしてつくる。

手づくり煎り酒でいただくローストビーフ

香味野菜と焼いて風味よく

ローストビーフ

材料（つくりやすい分量）
牛ももかたまり肉 …… 500g
塩 …… 大さじ½
にんにく …… 1片
油 …… 大さじ1
香味野菜の薄切り（玉ねぎ、にんじん、セロリなど） …… 各適量
玉ねぎ …… ¼個
煎り酒 …… 適量

つくり方

1 牛肉は1時間ほど常温に戻し、表面に塩をふる。

2 フライパンを熱し、つぶしたにんにくと油を入れて弱火で香りを出し、1を一面ずつ焼いていく。

3 天板に香味野菜を敷き、肉をのせて、180℃に予熱したオーブンで20〜25分焼く。

4 串を刺して、中心まで温かくなっていれば、焼き上がり。香味野菜ごと別の器に取り出し、10分ほど休ませてから肉を切り分ける。

5 器に肉と、薄切りにした玉ねぎを添えて盛り付け、煎り酒をかけていただく。

上品な塩けとうま味がクセになる

煎り酒

材料（つくりやすい分量）
純米酒 …… 300mℓ
昆布 …… 5cm角2枚
梅干し …… 3粒
かつおの削り節 …… 2g

つくり方

1 酒に30分ほど昆布を漬けておく。昆布ごと鍋に酒を入れ、梅干しを加えて火にかける。ぐらりと沸いたら昆布は取り出す。

2 酒が半量になるまで弱火で煮詰めたら火を止め、削り節を加えて、ひと晩おく。

3 さらしで2をこして瓶に入れる。

◎保存期間　冷蔵庫で4日間保存可能

いにしえの人の食卓を思いながら味わうのも楽しい煎り酒。刺し身のつけだれのほか、あえものなどにも役立ちます。

カリカリ梅と塩鮭のほぐしあえ

ごはんに混ぜ込んで、おにぎりにしてもおいしい

材料（つくりやすい分量）

塩鮭の切り身 …… 2切れ（150g）

カリカリ梅 …… 小5粒

（「小梅のカリカリ赤じそ漬け」（P.62）の梅など）

青じそ …… 5枚

つくり方

塩鮭は焼いてほぐす。粗く刻んだカリカリ梅と、せん切りにした青じそを合わせる。

◎ 保存期間　冷蔵庫で3日間保存可能

食卓に置けば、つい箸が伸びる一品。お茶漬けの具としてもよく合います。

もやしとセロリ、鶏肉のピリ辛梅肉炒め

梅干しを丸ごと炒め、うま味を生かして

材料(4人分)
もやし …… 200g
セロリ …… 100g
鶏むね肉(ささみでも)…… 100g
梅干し …… 1粒
豆板醤 …… 小さじ1
ナンプラー …… 小さじ1
塩、粗挽き黒こしょう …… 各少々
油 …… 大さじ1

つくり方

1 もやしは洗ってひげ根を取る。セロリの茎は細切りにし、葉はざく切りにする。鶏肉は幅1cmほどのそぎ切りにして、軽く塩、こしょうしておく。

2 フライパンに油を熱し、1の鶏肉を炒める。

3 2の鶏肉に火が入ったら1のセロリともやし、半分にちぎった梅干しの果肉と種を加え、全体を炒め合わせる。

4 3に豆板醤を加え混ぜ、仕上げにナンプラーと黒こしょうで調味する。梅干しの種を取り除いて器に盛り付ける。

梅干しとりんごの天ぷら

精進料理にヒントを得て。お酒のお供にどうぞ

材料（つくりやすい分量）

梅干し …… 5粒

りんご …… ¼個

揚げ油 …… 適量

◆天ぷら衣

小麦粉 …… 大さじ2

水 …… 大さじ2

つくり方

1 ボウルに天ぷら衣の材料を入れ、軽く混ぜ合わせる。

2 梅干しと、芯を除いて厚さ1cmほどのいちょう切りにしたりんごに1の衣をからめる。

3 鍋に揚げ油を注ぎ、中温（170℃）に熱して2を入れる。からりと揚げて油をきり、器に盛り付ける。

梅はさみさんまロール

開いて、巻いて、あとは焼くだけ

材料（つくりやすい分量）
さんま ……1尾
梅干し ……3粒
青じそ ……6枚

つくり方
1 さんまは三枚おろしにし、軽く塩（分量外）をふる。
2 1に種を除いてたたいた梅干しを塗り、青じそを等分に並べる。頭側から巻き、楊枝でとめる。
3 2を180℃に予熱したオーブンで15分ほど焼く。
※魚焼きグリルでも可。中火でこんがりとするまで焼く。

ちぎり梅のお雑煮

ごちそうが続いて疲れたときの口直しに

材料（1人分）
切り餅 …… 1個
梅干し …… 1粒
とろろ昆布 …… 大さじ1
三つ葉 …… 適量
湯 …… 130mℓ程度

つくり方
切り餅は焼き、汁椀に入れる。ちぎった梅干し、とろろ昆布を加え、沸かしたての湯をお椀の八分目まで注ぐ。三つ葉を添えていただく。

練り梅

種ごと練って、「天神さん」をうま味のもとに

材料（つくりやすい分量）
梅干し …… 400g
みりん …… 100mℓ

つくり方
鍋に梅干しとみりんを入れて弱火にかける。焦げつかないように木べらで混ぜながら5〜6分加熱し、つやが出てきたら種ごと容器に移し入れる。

◎保存期間　冷蔵庫で6カ月保存可能

みりんの糖分で焦げやすいため、火加減は弱く、目を離さずに。練るほどに徐々につやが出ます。

種ごと容器に入れるのは、時間とともにうま味を全体に行き渡らせるため。変化する味を感じるのも楽しみのうちです。

大根の梅はさみ漬け

はりはりの食感がうれしい、お手軽漬け

材料(2人分)
大根 …… 5cm分
梅干し …… 3粒

つくり方

1 大根は厚く皮をむき、厚さ2mmほどの薄い輪切りにする。

2 1と、種を除いてたたいた梅干しを交互に重ねていく。

3 最低ひと晩おいて味をなじませる。食べるときは、まとめて容器から取り出し、食べやすい大きさに切って器に盛り付ける。

● 保存期間
冷蔵庫で3日間保存可能

梅干し茶

豊かな香り。たっぷりつくりおき、ウェルカムドリンクにも

材料（つくりやすい分量）
なつめ（乾燥）…… 10個
干し柿 …… 2個
梅干し …… 2粒
しょうが（薄切り）…… 1片分
ほうじ茶の茶葉 …… 7g
水 …… 600mℓ

つくり方
1 鍋に材料をすべて入れ、火にかける。
2 沸騰したら火を止めて、おたまで具材ごと器に注いでいただく。

おわりに

赤じその色に染まったカリカリ梅が、母の梅漬けで、私の原点です。母は「一升に二合の塩」が口ぐせでした。いま思えば、かなりの塩分ですね。塩でもみ、ひと晩たった梅は、幼い私の大好物で、「青梅は毒があるよ」と叱られながらも、こっそり食べたものです。思い出すと、いつも口いっぱいの唾液とともに、初夏の空気に包まれます。

過去には満開の梅の花の上に大雪が降り、ほとんど実がならなかった年もありました。梅干しなら、仕上げは三日三晩の土用の太陽。気ままな天候任せです。梅雨が長引き、土用が明けてもジメジメ続く、そんな年だってあるんです。それでも、「この梅は、あの年の貴重なもの」とか、「これは、長雨の梅干しね」と、梅の顔を見るとわかるほど、どれも愛おしいもの。天然の調味料でつくり上げた梅干しは、旬と、そのときの太陽とを丸ごと抱え込んだ、永久保存食です。

「梅一粒はその日の難逃れ」といわれますが、これほどまでに頼られる果実もめずらしいですね。「はい、今日も大丈夫」というおまじないとともに、梅干しを口に含めば、元気に出かけられます。梅は、梅干し以外にも、シロップから梅肉エキスまで、使い方も豊かで、多様。梅干しの殺菌力は他の食品を守る役割さえ持っています。生きる知恵と力が詰まった梅は、日本の宝だと思います。

この本を手に取ってくださった方。まず、出合った梅で漬けてみてください。そんなとき、この本がお役に立ちますように。

長期間、撮影にお付き合いいただいたカメラマンの山浦剛典さん、編集の玉木美企子さん、八幡眞梨子さん、デザイナーの縄田智子さん、ありがとうございました。

横山タカ子

料理研究家。
長野県大町市生まれ、長野市在住。
保存食を中心とした、長野の食文化を研究すべく、
各地でレシピや保存法の聞き取りを長年重ねている。
身近な食材を「適塩」で調理し、
「素材を生かしてシンプルに食べる」が信条。
趣味は暮らし、とする大の着物好きで、
旧暦での暮らしを実践。
四季を感じるしつらいや、縫い、染めなど
手仕事のセンスにも定評がある。

「さしす干しのさしす」は、横山タカ子の登録商標です。
商標登録第5466458号

構成・文　玉木美企子

撮影　山浦剛典

ブックデザイン　縄田智子（L'espace）

校正　小出美由規

編集　八幡眞梨子

私の梅仕事

2021年5月20日　初版第1刷発行

著者　横山タカ子
発行者　久保田榮一
発行所　株式会社 扶桑社
〒105-8070　東京都港区芝浦1-1-1 浜松町ビルディング
TEL 03-6368-8873（編集）
TEL 03-6368-8891（郵便室）
www.fusosha.co.jp
印刷・製本　大日本印刷株式会社

掲載されているデータは、2021年5月6日現在のものです。

Printed in Japan
ISBN978-4-594-08826-2